Μισώ το Διάβασμα!

Μισώ το Διάβασμα!

Τίτλος πρωτοτύπου: I Hate to Read

Κείμενο: Rita Marshall

Εικονογράφηση: Etienne Delessert

Μετάφραση: Βαγγέλης Ηλιόπουλος

Επιμέλεια: Βαγγέλης Παπαδάκης

First edition published in 1992 by Creative Education Inc.,

123 South Broad Street, Mankato, Minnesota 56001 USA

Τοσίτσα 18, 106 83 Αθήνα, τηλ: (01) 9579 850, 3823 485, fax: (01) 9579 850

Εκτύπωση: ΑΡΤΙΟΝ ΓΡΑΦΙΚΕΣ ΤΕΧΝΕΣ Α.Β.Ε.Ε.Ε.

Βιβλιοδεσία: Ι.ΜΑΝΤΗΣ & ΥΙΟΙ Ε.Ε.

ISBN 960-7906-29-2

Εικονογράφηση: Ετιέν Ντελεσέρ
Κείμενο: Ρίτα Μάρσαλ

Μετάφραση: Βαγγέλης Ηλιόπουλος

Μισώ το Διάβασμα!

ΚΑΣΤΩΡ ΕΚΔΟΣΕΙΣ

Τις περισσότερες φορές ο Ευτύχης ήταν αληθινά ένα καλό παιδί.

Σχεδόν πάντα φορούσε το κράνος του όταν έκανε σκέιτμπορντ.

Επίσης, μια φορά το χρόνο άφηνε τη μαμά να του κάνει χωρίστρα στα μαλλιά βάζοντας τζελ, για να βγει στη φωτογραφία της τάξης.

Έτρωγε αγκινάρες και συκώτι τακτικά, δηλαδή για να μη λέμε ψέματα, μόνο όταν η σκυλίτσα του, η Σελίδα, δεν ήταν κάπου τριγύρω από το τραπέζι για να της τα πασάρει.

Πραγματικά, τις περισσότερες φορές ο Ευτύχης ήταν ένα καλό παιδί. Όμως ο Ευτύχης είχε την ατυχία ν' αρρωστήσει από το μικρόβιο “Μισώ το διάβασμα”. Ο ίδιος ισχυριζόταν ότι όλα ξεκίνησαν όταν είδε τη Σελίδα, κουταβάκι τότε, να μασάει βιβλία και να κρύβει τα κομμάτια τους στις γλάστρες.

Ο Ευτύχης είχε πάρει, στον Έλεγχο του, “Α” στα Μαθηματικά και “Β” στη Μελέτη Περιβάλλοντος. Είχε όμως “Γ” στη Γλώσσα εξαιτίας της αλφαβήτα! Όχι ότι η οικογένειά του δεν προσπάθησε να τον βοηθήσει. Η μαμά του τον τάιζε συχνά σούπα με μακαρονάκι αλφάβητο. Ο πατέρας του έφερε μια εγκυκλοπαίδεια με 56 τόμους. Ο ξάδερφός του, ο Ιάσονας, κάθε Σάββατο τού διάβαζε ό,τι έγραφε πάνω στο κουτί με τα κορν φλέικς. Παρόλες τις προσπάθειες (λέξη-λέξη, γράμμα-γράμμα, μακαρονάκι-μακαρονάκι) ο Ευτύχης παρέμενε στην ίδια κατάσταση.

Ένα απόγευμα, ο Ευτύχης καθόταν μόνος στο γραφείο του προσποιούμενος ότι διαβάζει, ώστε να μπορεί να βλέπει ανενόχλητος τηλεόραση. Ξαφνικά ένας κροκόδειλος με άσπρο σακάκι ξεπετάχτηκε από τις σελίδες του βιβλίου, που είχε ανοιχτό μπροστά του. "Πήδα μέσα στην τσέπη μου, αν θέλεις να διαβάσεις" τον προσκάλεσε. "Η ώρα διαβάσματος παραμυθιών είναι στις 8". "Μα εγώ μισώ το διάβασμα!" διαμαρτυρήθηκε ο Ευτύχης. "Εξάλλου, στις 8 αρχίζει η αγαπημένη μου εκπομπή στην τηλεόραση".

Τότε τους διέκοψε ένας θεοπάλαβος, μικρός ποντικός, που έψαχνε το δρόμο για να βγει από το βιβλίο. “Χρυσάφι, χρυσάφι” ούρλιαξε μ’ όλη του τη δύναμη. “Θα βρεις χρυσάφι σ’ αυτό το βιβλίο! Φύτεψε τα νομίσματα, θα γίνεις πλούσιος! Πλούσιος σε ιδέες κι όνειρα!”

1

2

“Το μόνο μου όνειρο είναι να πιαστείς στη φάκα, που έχει βάλει ο μπαμπάς μου στην αποθήκη” είπε ο Ευτύχης υπεροπτικά, όλο θυμό.

Ξαφνικά, από το βιβλίο εμφανίστηκε ένας πειρατής παπαγάλος με ξύλινο πόδι. Μ' όλα αυτά τα παράξενα που συνέβαιναν, ο Ευτύχης άρχισε ν' αμφιβάλλει αν ήταν *ακόμα* ο Ευτύχης, αν *πράγματι* πήγαινε στην Γ' Τάξη του 1ου Δημοτικού κι αν η κυρία Πηνελόπη ήταν *αληθινά* η δασκάλα του.

Ο παπαγάλος άνοιξε χτυπώντας με το ξύλινο πόδι ένα σκουριασμένο μπαούλο. "Έλα να πετάξουμε μαζί στα εξωτικά νησιά. Εδώ έχω το χάρτη για να βρούμε τον κρυμμένο θησαυρό!"

"Αποκλείεται!" απάντησε ο Ευτύχης και σταύρωσε τα χέρια με πείσμα κι αγανάκτηση. "Εγώ, μισώ το διάβασμα!"

Μα πριν ο πειρατής παπαγάλος πει "Άντε γεια" κι αποχωρήσει, ένας άσπρος λαγός ξεπετάχτηκε από το βιβλίο. "Έχω τον καλύτερο τρόπο για να ταξιδεύεις" είπε στον Ευτύχη και του έκλεισε το μάτι δείχνοντάς του τις μπότες του.

"Έλα αγόρι μου, θα διασχίσουμε τον ωκεανό κι η ιστορία μας θα γίνει πρωτοσέλιδο θέμα στις εφημερίδες!"
"Μα εγώ μισώ τις ιστορίες!" απάντησε ο Ευτύχης . "Κι άλλωστε μισώ το ..."

Ο λαγός δεν τον άφησε να ολοκληρώσει τη φράση του. ΄Εκανε έναν τεράστιο πήδο, που ξεπέρασε το ύψος του σπιτιού, φωνάζοντας στον Ευτύχη πάνω από τον ώμο του: “Φιλαράκο, άμα δε θέλεις να πετάς, να ξέρεις... την πατάαααααααας!”

Πολύ προσεκτικά ο Ευτύχης γύρισε μια ακόμη σελίδα του βιβλίου. Ξεπήδησε τότε ένας δόλιος βάτραχος μ' ένα σπασμένο φτερό στο καπέλο. "Διάβασε τη σελίδα, διάβασε τη σελίδα" κόαζε "σε παρακαλώ διάβασε τη σελίδα, ώστε να μπορέσω να ξαναγίνω πρίγκιπας. Μετά θα φιλήσω την Ωραία Κοιμωμένη και θα την ξυπνήσω. Ξέρεις, κοιμάται εκατοντάδες χρόνια τώρα".

Ο Ευτύχης γύρισε σελίδα. Η Ωραία Κοιμωμένη έμοιαζε με τη φίλη του, την Αφροδίτη, που μόλις πριν λίγο τον είχε καλέσει στο πάρτι για τα γενέθλιά της. Ντράπηκε. Έκλεισε με δύναμη το βιβλίο κι ορκίστηκε να μην το ξανανοίξει ποτέ.

Είχε σχεδόν σκοτεινιάσει, όταν εμφανίστηκε ένα παράξενο πουλί και χτύπησε το τζάμι έχοντας ένα σκουλήκι στο ράμφος. "Είναι απόλαυση να διαβάζεις, Ευτύχη" του ψιθύρισε "*κυρίως* αν δεν είσαι υποχρεωμένος να το κάνεις". Στον Ευτύχη άρεσε να κάνει πράγματα, που δεν ήταν υποχρεωμένος να τα κάνει. Όμως το διάβασμα, δεν το είχε σκεφτεί ποτέ σαν τέτοιο. Προτιμούσε να πιάνει σκουλήκια και να τα πατάει.

Ήδη ο Ευτύχης είχε χάσει την αγαπημένη του τηλεοπτική εκπομπή, μα δεν τον ένοιαζε και τόσο πια. Έκλεισε τα μάτια του και για μια στιγμή είδε, σα σε όραμα, τη Σελίδα να καταβροχθίζει με μανία βιβλία.

Μετά είδε τη δασκάλα του, την κυρία Πηνελόπη με μακριά μύτη και μαύρο πλατύ καπέλο, να πετάει παραμύθια σ' ένα καζάνι, όπου έβραζε φίδια. "Μι-σώ το διά-βα-σμα, μι-σώ το διά-βα-σμα" φώναζαν οι συμμαθητές του, όλοι μαζί, με αρχηγό τη φίλη του, την Αφροδίτη.

Μα αντί να ενωθεί μαζί τους διαδηλώνοντας το γνωστό σύνθημα, ο Ευτύχης άνοιξε τα μάτια του και κοίταξε το βιβλίο, που ήταν πάνω στο γραφείο του. Σκέφτηκε όλους αυτούς τους παράξενους χαρακτήρες, που συνάντησε, κι ένιωσε λιγάκι λυπημένος. Λυπόταν για τον πειρατή, τον πρίγκιπα, το ποντίκι με τα χρυσά νομίσματα, αλλά και για τον κροκόδειλο, το πουλί, που είχε έρθει στο σκοτάδι, και το λαγό με τις μαύρες μπότες. Τι θα απογίνονταν όλοι αυτοί αν οι ιστορίες τους χάνονταν;

"Μι-σώ το διά-βα-σμα, μι-σώ το διά-βα-σμα" η διαδήλωση συνεχιζόταν. Όμως ο Ευτύχης χαμογελώντας άνοιξε το βιβλίο για να δει τι κάνουν οι φίλοι του παρακάτω. Κι όπως διάβαζε τις σελίδες, κατάλαβε πως αυτό, που μισούσε πια, ήταν ότι ... σε λίγο έφτανε στο τέλος του βιβλίου.

Τ Ε Λ Ο Σ